AF455805

NOUVELLES MONACALES,

OU LES

AVANTURES DIVERTISSANTES

DE

FRERE MAURICE,

PUBLIEES PAR LE Sr. D***

A COLOGNE

CHEZ PIERRE MARTEAU JUNIOR

MDCCLXIII.

AVANT-PROPOS.

Celui qui a pris ſoin de donner au public ce recueil d'avantures divertiſſantes, eſt engagé dans un état tout autre que celui qu'il fait paroître ſur la Scéne. Comme il a beaucoup frequenté les Maiſons de l'Ordre dont étoit frere Maurice, il l'a connu lui même particulierement, & l'a voulu engager à mettre par écrit ſes avantures facétieuſes, mais frere Maurice s'en excuſa, alleguant que cela ne lui

 feroit

feroit point d'honneur, ni à ſon Ordre. Il lui a néantmoins fait confidence de pluſieurs de ſes avantures qui étoient ſçües de peu de perſonnes. Il eſt mort quelquetems aprés dans des ſentimens de pieté qui ont édifié ſes Confreres. Il avoit changé de conduite pluſieurs années avant ſa mort, & mêné une vie reguliere & penitente. Il a même fait une fondation dans un Couvent de Mendians, au-moien d'une ſomme de 600 francs, qu'il leur donna pour faire à perpetuité un ſervice pour lui aprés ſa mort, s'imaginant bien que s'il donnoit cette ſomme à ſon Ordre on n'y ſeroit pas fidele a remplir à ſon égard cette condition. Il avoit

voit amaſſé cet argent par ſon trafic en diſtillant des eaux.

On a crû que le recit des avantures d'un moine pourroit ſervir d'amuſement, à cauſe de la nouveauté du ſujet. Il eſt vrai que ce n'eſt pas d'aujourd'hui qu'on en raconte: Le fameux Bocace, la Reine Jeanne de Navarre, le celebre La-fontaine ont fait briller leur eſprit dans les contes agréables qu'ils ont faits ſur de pareils ſujets. Mais les avantures qu'on raconte ici ont ſur ces contes, qui ne ſont que des fictions poëtiques, cet avantage, qu'elles ſont exactement vraies, & qu'elles ne contiennent pas des obſcénités qui offenſent les oreilles chaſtes. Il eſt vrai qu'élles n'ont pas le merite d'être ſi joliment racontées, & que c'eſt une narration en proſe, qui doit être ſimple; mais les recueils des avantures du Duc de Roquelaure, & de tant de filouteries de Cartouche, ont été bien reçus du public. Ce n'eſt point qu'on approuve les avantures obſcênes de l'un, ni les tours criminels de l'autre: mais c'eſt que tout cequi eſt ſingulier, en quelque genre qu'il ſoit, a droit de picquer la curioſité. On peut même dire que ces ſortes de perſonnages avoient quelque ſuperiorité dans le genie, & qu'il ne leur manquoit qu'un plus grand & plus honnorable Theatre, pour déploier leurs talens. Un grand Prince (le Roy de Prusse) dans un de ses ouvrages poëtiques en nôtre langue, dit que Cartouche étoit un grand homme qui sçut s'ériger & se conserver une espéce de souveraineté sur ses compagnons, dont le nombre étoit prodigieux. Il est une espéce d'hommes qui semblent nés pour la plaisanterie: l'inimitable Moliere, sans ce talent, nous auroit-il donné tant de chefs d'œuvre? On raconte du celebre Despréaux qu'il avoit un tel penchant à la plaisanterie qu'il réussissoit parfaitement à tourner en ridicule tous ceux qu'il vouloit; on en voit des preuves dans ses satyres: souvent au coucher de Louis XIV, dont il étoit

toit lecteur, il divertiſſoit ce grand Prince, en contrefaiſant au naturel tous les perſonnages qui avoient joué leur role à la Comedie du jour.

On parle dans toutes les converſations des avantures du Duc de Roquelaure, à qui le méme Monarque eut la bonté de par donner une infinité de farces à cauſe de leur tour ingenieux, quoiqu'il ſe fût un peu écarté quelquefois du reſpect dû à un ſi grand Princè, qui n'entendoit aſſûrément pas raillerie. Frere Maurice étoit né avec un penchant decidê pour la plaiſanterie & la filouterie: il avoit pour ainſi dire, ſucé ſes inclinations avec le lait: car ſa Mere avoit fait le

même

même personnage. Etant réduite sur la fin de sa vie à vivre dans un Hopital, elle y deroba les petits meubles des autres pauvres femmes que la Charité y entretenoit avec elle. Ainsi il ne faut par s'étonner si frere, Maurice après son entrée dans un cloître, ne se défit pas de ses défauts. Il ne donna pas néamoins dans des désordres grossiers. S'il y a quelques traits qui blessent un peu l'honnêteté des mœurs, ils ont eté les effets de son humeur portée à la gaillardise, plûtot que de la corruption de son cœur. On a tâché de les raconter en des termes couverts & les moins indécens qu'il a été possible.

On n'a pas crû deshonorer ſon Ordre parcequ'on ne le nomme point ; & que d'ailleurs il eſt aſſez fécond en perſonnages reſpectables par leur vie. L'Ordre des Chanoines Réguliers n'eſt point deshonoré, parceque l'on raconte de Santeuil pluſieurs traits un peu libres. Il eſt vrai que frere Maur, ne doit pas lui être comparé ; parcequ'il n'a point, de même que Santeuil, fait honneur à ſon Ordre par des productions d'eſprit, qu'il auroit été très en état de donner au public, s'il eût voulu s'appliquer aux études dans leſquelles il auroit pû faire de grands progrès, ayant reçu en naiſſant une facilité merveilleuſe.

NOU-

NOUVELLES MONACALES
OU LES
AVANTURES DIVERTISSANTES
DE FRERE MAURICE,
PUBLIEES
PAR LE Sr. D***

AVANTURE I.
LES AILES POSTICHES.

Frere Maurice (que nous appellerons toûjours de ce nom, quoiqu'il ne le portât par encore pour lors) étant au college, où il étudioit les humanités à l'âge de 16 ans, s'avisa de vouloir imiter ce qu'il avoit lû dans la fable touchant Dedale & son fils Jcare, qui s'étoient fait des âiles postiches & avoient traversé des mers en planant à travers les airs. Il persuada à deux ou trois de ses Condisciples de faire la même tentative. Ayant donc fait bonne provision de plumes dont ils dépouillerent un trouppeau d'oies, ils travaillerent pendant plusieurs jours à les coudre,

dre & lier enſemble en forme d'ailes. Lorsque la beſogne fut achevée, ils monterent ſur un grenier, pour faire leur épreuve. Un des quatre, qui depuis eſt entré dans le même ordre que frere Maurice, conſentit à prendre ſon eſſor en même tems que lui. C'étoit juſtement le plus propre de la bande à être la dupe de l'auteur du projet, qui avoit jetté les yeux ſur lui preferablement aux autres, à cauſe qu'il étoit le le plus ſimple. Ils convinrent qu'à un certain ſigne qu'un de la bande devoit faire, ils partiroient tous deux enſemble; ſeulement frere Maurice l'avertit de ne pas imiter la temerité d'Icare, qui ayant mépriſé l'avis de ſon pere Dédale, qui lui avoit recommandé de ne pas s'élever ſi haut, périt pour s'être approché trop prés du Soleil, dont les rayons ardens fondirent les aîles du malheureux Jcare, parceque les plumes étoîent attachées entr' elles avec de la cire. Mais comme celui qui alloit être dupe eut neanmoins aſſez d'eſprit pour lui objecter que cet inconvenient n'étoit pas à craindre, parceque leurs ailes étoient plus ſolidement conſtruites que celles

celles de Dédale & d'Icare: frere Maurice lui répondit, que s'il s'élevoit trop haut dans les airs, les vents impetueux qui regnoient dans la region ſuperieure pourroient lui briſer ſes aîles. Le ſignal étant donc donné, frere Maurice feîgnit de s'élancer; mais l'autre partit de bonne foi, & vola trés-rapidement depuis le grenier jusqu'au beau milieu de la rüe, &, par un grand bonheur en fut quitte pour une jambe caſſée. Les parens de l'eſtropié vinrent faire de vives plaintes à ceux de l'impoſteur: les bonnes gens promirent de le bien fuſtiger; mais, comme il s'attendoit bien à ſubir la punition qu'il meritoit, non ſeulement à la maiſon, mais encore au college, il prit le parti de ſe ſauver de la maiſon paternelle, où il ne voîoit pas d'ailleurs de grandes reſources contre l'indigence. Il eut la précaution de faire ſon petit pacquet; mais ſa bourſe n'étant pas bien fournie, & ne ſachant aucun mêtier pour gagner ſa Vie, il s'aſſocia à une trouppe vagabonde d'hommes & de femmes qu'il rencontra. Ces bonnes gens que l'on nomme Egyptiens & Bohemiens & qui viennent par troup-

trouppes ſe faire fleurdeliſer en france, l'admirent d'autant plus volontiers dans leur Societé, qu'ils lui trouverent un genie propre à vivre comme eux d'induſtrie. Il fit parmi eux ſon apprentiſſage, & joua en maitre quantité de tours, qu'il n'a jamais voulu raconter en détail. Sa trouppe ayant enfin été pourſuivie & enlevée en partie, il trouva le moien d'échaper. Il fit de ſerieuſes reflexions ſur les dangers qu'il avoit courus & évités par le bonheur de ſon étoile, & réſolut de prendre un genre de vie moins perilleux, quoique guéres plus honnorable. Il arriva dans une grande ville, où il apperçut ſur la place un Operateur qui debitoit ſes drogues ſur un theâtre, & qui, pour attirer & amuſer le peuple, faiſoit jouer quelques farces par un Arlequin, & d'autres perſonnages comiques. Frere Maurice qui ſe ſentoit du talent pour ce metier, ne manqua pas d'aller trouver l'operateur, dés qu'il fut de retour à l'auberge. Il le pria d'agréer ſes ſervices. L'operateur, homme pénétrant, comme le ſont d'ordinaire les gens de cette éſpéce, apperçut d'abord dans la phiſionomie de de frere Maurice quelque choſe qui annonçoit un ſujet propre à le bien ſeconder pour tromper le vulgaire. Il lui ſtipula des gages, & ne ſe repentit pas de ſon marché: car frere Maurice joua parfaitement ſon perſonnage, &, ſans avoir été apprentif, il devint auſſi habile que Maître Dominique. Il fit ce metier pendant deux ans, & ne s'enrichit pas beaucoup. Il apprit néantmoins à diſtiler des eaux: ce qui ne lui ſervit pas peu, depuis qu'il fut moine: car il fit de ces eaux un trafic aſſez conſiderable; & cequ'il y avoit de plus ſingulier, c'eſt qu'on ne s'apperçevoit presque pas de ſon negoce dans le monaſtére: il prenoit ſes meſures ſi juſtes, qu'il faiſoit ſes emplettes, & débitoit ſes drogues, ſans qu'on en ſçût rien. Il s'étoit enfin dégoûté du metier d'operateur: parcequ'il n'étoit que mercenaire, tout le profit étoit pour le maître. D'ailleurs celui ci ayant quitté ſa profeſſion, parcequ'il étoit aſſez riche, Frere Maurice qui ſe vit par là congedié, & revint en ſa patrie, où l'orage qui s'étoit élevé contre lui, à l'occaſion des aîles poſtiches, étoit appaiſé, à cauſe du long tems qu'avoit duré ſon abſence. Ses parens le reçurent en grace, & voulurent lui perſuader de ſe choiſir un état. Soit qu'il fût ſincérement dégoûté du monde, ou qu'il voulut trouver un azile contre l'indigence; il ſe détermina pour l'état monaſtique. Il poſtula dans un Ordre celebre & reſpectable, & quelques connoiſſances des humanités, demême qu'une phiſionomie heureuſe déciderent les Superieurs de cet Ordre en ſa faveur. Il n'eut garde de leur faire l'aveu de tous les rôles qu'il avoit joués auparavant: les canons de l'Egliſe lui donnoient par ces mêmes raiſons l'éxcluſion de l'entrée dans cet Ordre. Il fut reçu, ſans qu'on fit une trop ſcrupuleuſe recherche de ſa vie paſſée. Il eut l'adreſſe de ſe contrefaire aſſez pendant une année de noviciat, pour être reçu à prononcer ſes vœux: mais il ne tarda pas à lever le masque. Il commença à jouer les tours des differens mêtiers qu'il avoit exercés avant ſon entrée dans un Cloître. Il déroboit ſes Confreres dont il s'approprioit les petits meubles. Il n'étoit aucun endroit dans le monaſtere, où il ne trouvàt le moien

moien de penetrer. La Cuiſine, les Celliers, euſſent ils eu les verroux de la Baſtille, ne pouvoient reſiſter aux machines dont il ſe ſervoit pour y entrer.

AVANTURE II.

LE JAMBON DANS LE CAPUCHON.

Un jour qu'il s'étoit gliſſé dans la Cuiſine, dont le Pere Maître avoit ordonné au frere Cuiſinier de le chaſſer, il eut l'adreſſe d'eſcamoter un jambon: n'ayant pas le tems de le mettre ailleurs, il le coula dans ſon capuchon; mais il ne le put faire ſi ſubtilement que le Cuiſinier ne s'en apperçut: il cria au voleur, qui ſe ſauva; mais le Cuiſinier, le ſuivant de près, l'arrêta juſtement par ſon capuchon dans lequel le jambon étoit renfermé; & comme il étoit ſucculent, tout le jus en fut exprimé, & découla ſur les habits de frere Maur.. Cequi le mortifia le plus c'eſt que cette ſcêne ſe paſſa en preſence de la plus grande partie des Moines, qui ſe promenoient dans le cloître pour prendre leur récreation après le repas. Il paya bien cher ſon jambon, & fut mis en rude penitence: mais rien ne pouvoit le corriger; il étoit indomptable, & à l'épreuve des plus rudes mortifications, qu'on lui faiſoit faire inceſſamment.

AVANTURE III.

LA PHIOLE DE PUCES.

Un de ſes Confreres qui avoit été temoin d'un de ſes tours dans la maiſon, le défera au Pere Maître: frere Maur. reſolut de ſe venger du delateur; mais il ſuſpendit ſa vengeance, pour avoir le tems d'en preparer l'inſtrument. C'étoit pendant les grandes chaleurs, auquel tems les puces ſe font le plus ſentir. Frere Maur. les chercha avec grand ſoin, mais il leur épargna la vie, & les mit en reſerve dans une phiole; & quand elle fut remplie, il ſe gliſſa adroitement dans la cellule de ce confrere qui l'avoit déferé, & lâcha ſa phiole entre les deux draps de ſon lit, qui en fut tellement infeſté

que

que le pauvre jeune moine ne put dormir de plus d'un mois, & eut mille peines de faire ceſſer ce fleau. Le Pere Maître, craignant que cette brebis galeuſe ne gâtât tout le trouppeau, s'addreſſa aux ſuperieurs Généraux de l'ordre, pour faire ſeparer frere Maur, de ſes confreres, auxquels il étoit une pierre d'achopement; d'ailleurs occupé continuellement à jouer ſes farces, il ne s'appliquoit point à l'étude, quoiqu'il eut une aſſez grande facilité, avec laquelle il auroit pu faire des progrez. On l'envoia dans une maiſon iſolée & ſituée ſur le ſommet d'une montagne environnée de bois. Là il s'addonna à la diſtillation, & faiſoit un gain aſſez conſiderable. Il prennoit ſes meſures ſi juſtes, que ſon trafic ne paroiſſoit preſque point. Il travailloit la nuit; & pour ne pas être interrompu ni gêné par les autres moines, il s'aviſa de leur inſpirer la crainte des revenans.

AVANTURE IV.

LE MULET DANS LE DORTOIR.

Il mourut juſtement ſur ces entrefaites un Viellard dans le monaſtere. La nuit du jour qu'on l'avoit enterré, frere Maur. alla à l'Ecurie, & détacha un mulet, dont on ſe ſervoit pour apporter les denrées de la Ville ſur la montagne. Il conduiſit ce mulet dans le dortoir, & le promena en laiſſant traîner une longue chaîne. Aucun moine ne fut aſſez hardi, pour oſer ouvrir la porte de ſa cellule, & regarder ceque c'étoit. Tous étoient ſaiſis de fraieur dans leurs lits.

AVANTURE V.

LE MORT DEPOUILLÉ.

Il paſſa lui même pour un revenant dans une autre occaſion. Il demeuroit dans une autre Maiſon de l'Ordre. On avoit pareillement enterré un Religieux. Frere Maur., qui avoit de très mauvais habits à ſon ordinaire, jetta des yeux de concupiſcence ſur les habits

habits de ce moine que l'on enterroit, parcequ'ils étoient meilleurs que les siens. (Il faut remarquer que c'est la coutume d'enterrer les moines avec leurs Vêtemens de chœur.) Vers le milieu de la nuit frere Maur. alla à l'Eglise, & leva une pierre du pavé par où l'on descendoit les morts dans le Caveau. Il dépouilla le mort de ses bons habits, & lui en remit de mauvais. Comme il sortoit du caveau, sa chandelle à la main, un bon vieux moine qui s'étoit levé une heure avant matines, pour aller faire des prieres de surrérogation à l'Eglise, fut saisi de fraieur, en apparcevant dans la nef frere Maur. qui sortoit du Caveau: il le prit pour le mort qu'on avoit enterré pendant la journée; & plus mort que vif lui même, il se sauva au dortoir, & fit sonner le reveil du matin, pour servir de tocsin à la Communauté, qui fut dans l'instant assemblée. Le bon Viellard raconta le sujet de sa frayeur, & eut encore la douleur de passer pour un Visionnaire.

AVANTURE VI.

LE PHOSPHORE.

Frere Maur, qui se trouvoit bien de passer pour un esprit, essaia de jouer plusieurs tours dans ce genre, qui lui reussirent. Il avoit appris à l'Ecole de son Maître l'Operateur, à composer des phosphores : il s'en servit utilement, pour intimider son Prieur qui étoit un bon Viellard credule, & que ce bon homme étoit souvent obligé indispensablement de punir frere Maur. pour les fautes qu'il commettoit journellement contre les statuts de la Regle. Enfin tous les delicts qui arrivoient dans la Maison étoient toûjours à son compte ; & il en subissoit la peine, quoiqu'il fut quelque fois innocent. Mais rien n'étoit capable de lui faire changer d'humeur, & il conservoit parmi les mauvais traitemens une gayeté qui désarmoit le Prieur. Ayant été un peu trop rigoureusement traité pour une faute dont il se disoit innocent ; il se servit de ses phosphores, pour intimider le Prieur : il écrivit sur la muraille vis à vis

vis de son appartement certains caractères qui lui annonçoient des malheurs, & le menaçoient des chatimens de la justice divine, s'il continuoit à maltraiter un innocent. Le bon Viellard, en sortant de sa chambre pour aller à matines, apperçut ces caractéres que l'obscurité faisoit paroître comme de feu. Il en fut effrayé, presqu'à mourir, & rentra incontinent dans sa chambre. Il eut dans la suite plus d'indulgence pour frere Maur., qui fut enfin dupe, & porta la peine de ses Supercheries.

AVANTURE VII.

LA CITROUILLE ENFLAMMÉE.

Comme il vouloit être paisible possesseur, la nuit, de certains quartiers de la maison où il jouoit ses tours, & faisoit ses ouvragés nocturnes, il entreprit de faire croire à la Communauté qu'il y revenoit un esprit. Pour y réussir, il s'affubloit de draps qu'il élevoit bien haut sur sa tête : il mettoit par dessus une citrouille vuide, qu'il avoit percée de trois côtés en forme de viſages; il allumoit dedans une bougie, cequi faiſoit paroître enflammés les yeux, les narines, & la bouche de ces viſages. Il ſe promenoit à grands pas, en pouſſant des gemiſſemens épouventables. Aucun Moine n'étoit aſſez oſé pour approcher l'eſprit: pluſieurs le regardoient de loin; & c'étoit pour tous un ſpectacle ſi effrayant, que la conſternation étoit générale dans la Maiſon. Cependant un frere Convers qui avoit fait autrefois quelques campagnes au ſervice du Roi, & un domeſtique de l'Abbaye qui avoit auſſi couru le monde, formerent le genereux deſſein d'attaquer l'eſprit, & de tenter l'avanture. Ils s'armerent chacun d'un bâton, & allerent droit à l'eſprit qui redoubla ſes hurlemens, pour les éffrayer, & les mettre en découte! mais nos valeureux champions ne perdirent point courage & fondirent ſur la carcaſſe de l'eſprit à grands coups de bâton. Quelques moines qui étoient aux aguets, pour voir l'iſſûe de l'Aventure, remarquerent que l'eſprit portoit les coups, & demandoit

doit grace; ils encouragerent les Victorieux en leur criant de ne le pas épargner; parce disoient ils, que les esprits n'avoient ni chair ni os, & que les coups ne pouvoient point leur être mortels. Outre cette rude bastonade, le pauvre frere Maur. fut mis en une austere pénitence, & ayant été convaincu quelques jours après de sorties nocturnes hors de l'enclos du Monastere, on l'enferma en une étroite prison: mais à moins de l'enchaîner, il n'étoit pas possible de le tenir. Il trouva bientôt le moien d'ouvrir sa prison; & pendant la nuit, il parcouroit tous les coins de la Maison. Il visitoit la Cave, & la Cuisine, & faisoit meilleure chere qu'au refectoire. Se lassant enfin de faire le personnage de chat huant; il se hazarda d'aller se presenter en plein jour devant la Communauté qui étoit assemblée dans la salle du Chapître. Il se jetta aux pieds du Prieur, lui demanda grace, & promit de se corriger. Sa figure étoit la plus ridicule du monde. Il avoit une barbe excessivement longue, des habits courts tout en lambeaux. Les moines touchés de compassion de le voir dans cet équipage, s'interesserent pour son pardon, que le Prieur lui accorda.

AVANTURE VIII.

LES ARTISONS (*petits Vers.*)

Il retomba bientôt dans ses fautes ordinaires qui étoient des sorties nocturnes; & comme il étoit grand Amateur des fleurs, il en cultivoit de fort recherchées, & imaginoit tous les moiens possibles d'en avoir. Il s'exposoit aux plus grands risques, pour s'en procurer. Il avoit la temerité d'aller en voler pendant la nuit dans les jardins d'une ville voisine du Monastere. Un Bourgeois assez considerable s'apperçevant qu'on lui déroboit ses fleurs, fit sentinelle pendant la nuit, & lorsque frere Maur. après avoir escaladé le mur du jardin se préparoit à fourager le parterre des fleurs; le bourgeois lui tira un coup de fusil chargé à ferrailles: frere Maur. le reçut au dos, & n'en perdit presque pas un grain: mais il ne ne fut pas aſſez conſiderablement bleſſé, pour ne pouvoir pas ſe ſauver: comme il étoit fort leſte, il eſcalada de nouveau la muraille, avec une petite échele fort legere de neuf ou dix degréz, qu'il portoit avec lui, & s'en retourna au monaſtere ſe grater à loiſir dans ſa Cellule. Il n'eut garde de montrer ſes plaies à perſonne. Le lendemain un de ſes Confreres en ſortant de l'Egliſe immediatement après lui, s'apperçut que ſes habits étoient tout vermoulus: il lui en demanda la cauſe: frere Maur. lui repondit que les maudits artiſons le déſoloient, & que ſa cellule en étoit ſi infeſtée, que dans l'eſpace de vingt quatre heures ils lui cribloient tous ſes habits. Il allegua la même raiſon à ſon Prieur & ſe tira d'affaire.

AVANTURE IX.

LES CENDRES CHAUDES.

Le Prieur étoit un bon Viellard, qui étant enfin tombé dangereuſement malade, & ſe voyant à l'extremité, voulut mourir auſſi ſaintement qu'il avoit vêcu.

vècu. Après avoir fait un discours fort édifiant à la Communauté assemblée, il demenda qu'on lui fit la grace de le coucher sur la cendre pour y expirer. Frere Maur, se montra un des plus empressés, pour lui rendre ce dernier devoir de charité; parce, disoit-il, qu'il vouloit témoigner par là à la Communauté, qu'il ne conservoit aucune rencune en son cœur contre son Prieur, pour les mauvais traitemens qu'il avoit été indispensablement obligés de lui faire souffrir, en consequence de ses fautes contre la Regle. Il courut à la Cuisine, & apporta des cendres en quantité suffisante, pour y étendre le moribond, qui ne tarda pas à rendre l'ame, dont le passage fut un peu aidé par la malice de frere Maur. qui avoit apporté des cendres toutes chaudes: ce qu'on n'apperçut qu'en dépouillant le cadavre, pour le lever en faisant des prieres selon l'usage pratiqué dans les Monasteres. On lui trouva le dos presque rôti. Le pauvre moribond, soit par esprit de penitence, soit à cause de son extrême foiblesse, n'avoit témoigné par aucun

aucun signe la douleur que la chaleur des cendres avoit pu lui faire sentir. Son successeur eut soin de faire subir à frere Maur. la peine que meritoit sa malice, & on l'obligea de manger au pain & à l'eau au milieu du Refectoire, avec des cendres passablement chaudes sous ses genoux qui étoient à nud. Il faisoit dans cette attitude des grimaces & des singeries à faire étouffer de rire tous les moines.

AVANTURE X.

LE QUIPROQUO DES LETTRES.

Le nouveau Prieur étoit un homme extrêmement sévére: il ne passoit rien à frere Maur., qui ne pouvant supporter la dureté de ce nouveau gouvernement, s'addressa aux Superieurs Généraux, pour avoir la permission d'aller demeurer dans une autre Abbaye. Il obtint enfin cequ'il demandoit. Lorsqu'il fut sur le point de partir, le Prieur le fit appeller à son appartement, pour lui regler son voyage. Frere Maur. apperçut sur sa table deux Let-

Lettres ; comme il avoit la vûe perçante, il en lut aisément les premiers mots : l'une étoit pour le nouveau Prieur sous l'obeissance duquel il alloit demeurer : l'autre lettre étoit pour un Avocat en Parlement qui conduisoit un procés de l'Abbaye. Le Prieur tout en parlant à frere Maur., pour lui faire des remontrances sur son inconduite, & des exhortations à mieux faire dans une autre Maison, plioit ses lettres : mais dans le moment qu'il se baissoit devant son feu, pour allumer sa chandelle à fin de les cacheter, frere Maur. ne perdit point de tems, & changea les lettres de place. Le Prieur les ayant cachetées l'une après l'autre, écrivit l'addresse à l'Avocat sur celle qui étoit destinée au nouveau Prieur de frere Maur ; & se trompa de même pour l'autre lettre. Frere Maur. s'étoit bien imaginé que la lettre qui étoit destinée à son nouveau Prieur, contenoit son éloge & sa recommandation à rebours, & lui donnoit des instructions sur la conduite qu'il avoit tenüe dans la Maison dont il sortoit. Il crut trouver sur le champ le le moien de ſupprimer tout. On peut ſe figurer quel fut l'étonnement de ceux à qui les lettres parvinrent, lorſqu'ils les ouvrirent. Ils ecrivirent, pour avoir des éclairciſſemens ſur ces Enigmes. Le pauvre frere Maur. par ſa ſupercherie n'avoit fait que ſuſpendre le coup dont il étoit menacé; car une nouvelle lettre ſurvint quelque tems après ſon arrivée dans ſa nouvelle deſtination: elle étoit plus foudroiante que la premiere, & détailloit toute ſa conduite paſſée. Il paya cher la ſupercherie qu'il avoit faite au Prieur qu'il quittoit, parceque le nouveau Prieur le tint en bride & le ſuivit pas à pas.

AVANTURE XI.

LES MOUSTACHES.

Outre ce tour là il en avoit encore joué un fort plaiſant au Prieur qu'il avoit quitté, quelques jours avant de partir. Comme il étoit fort adroit pour razer, & qu'il ſe prêtoit volontiers, le Prieur qui devoit aller rendre quelques viſites en ville, le fit appeller

ler pour le razer. Dans le tems même que frere Maur. lui rendoit ce service; le Prieur lui faisoit de fortes réprimandes sur ses infractions continuelles de la Regle; & le menaçoit de le punir sévérement, s'il ne se corrigeoit. Frere Maur. las d'entendre la harangue, après avoir razé une joüe, quitta brusquement l'ouvrage, & s'en alla. Le Prieur se vit dans la necessité de le suivre, & de le prier humblement d'achever. Frere Maur. feignit d'être appaisé, & reprit la besogne: mais il eut la malice de lui laisser de petites moustaches. Le Prieur qui ne s'étoit point regardé au miroir, alla sur le champ rendre ses visites en Ville. Il s'apperçut qu'on éclatoit de rire dans les compagnies où il se presentoit. Ces moustaches paroissoient ridicules, parceque la mode d'en porter étoit passée.

AVANTURE XII.

LES MATINES DES NONES.

La nouvelle Abbaye où demeuroit frere Maur. étoit contigüe à un Cou-

Couvent de Religieuſes; les Jardins des deux Maiſons n'étoient ſéparés que par un petit mur fort aiſé à eſcalader. L'eſprit fécond de frere Maurice le fit bientôt profiter de cette poſition des projets facétieux, & il ne tarda pas pour à les mettre à execution. Il ne pouvoit, pour ainſi dire, ſortir de ſa cellule pendant le jour, parceque ſon nouveau Prieur le faiſoit obſerver de près: il prit donc le parti de faire des courſes nocturnes. Il ſe fit faire une lanterne ſourde, & dans le tems que les Moines & les Religieuſes étoient enſevelis dans un profond ſommeil, en attendant matines, il ſe levoit & eſcaladoit le mur de ſéparation. Les Religieuſes chantoient matines à minuit, & les moines une heure & demie après. Ainſi frere Maur. à dix heures de nuit étoit ſeur de faire ſes caravanes ſans rencontrer perſonne qui le gênât. Il fit d'abord pluſieurs deſcentes & vües de lieu, ſans jouer de farces. Il trouva le moien de pénétrer dans quelques cellules des Religieuſes, pendant qu'elles étoient à Matines, & ſe munit de

 toutes

toutes les nippes, & de tout l'attirail d'une Nonne. Quand il eut son a justement complet, il s'en revêtit, & eut la temerité d'assister à leurs matines au Chœur dans les dernieres chaises sans ouvrir la bouche pour chanter. La Prieure & ses religieuses crurent d'abord que c'étoit une ancienne qu'on avoit exemptée de matines, à cause de son grand âge, & de ses infirmités, & qui, par dévotion, ne vouloit pas profiter de l'indulgence dont on usoit envers elle. Mais frere Maur. continuant d'assister à Matines, la Prieure défendit à cette vieille Nonne d'y paroître d'avantage; elle protesta qu'elle n'y alloit point, & qu'elle n'étoit pas même en état de le faire: mais elle passa pour une Vieille endurcie dans l'habitude de mentir.

AVANTURE XIII.

LE CHAT SOUS LA TABLE.

Frere Maur. se lassant d'assister aux matines, où il s'ennuyoit, & ne gagnoit rien, s'introduisit un soir dans le le Couvent plûtot qu'à l'ordinaire. C'étoit un jour de fête, & les Religieuses devoient manger à table ronde à souper. Frere Maur. affublé d'un voile & d'une guimpe pénétra jusque dans la salle où la table étoit dressée, sans qu'on y prit garde. Il se cacha sous la table qui étoit couverte par une nappe fort longue, & qui pendoit de tous côtés jusques à terre. Les Religieuses s'assemblerent & s'assirent, sans qu'elles s'apperçussent de rien. Frere Maur. entendoit tous leurs propos, & avoit bien de la peine à s'empêcher d'étouffer de rire: mais il vint à bout de se contenir. Cependant il hazarda de contre faire les miaulemens d'un chat, & y reussit si parfaitement que les Religieuses y furent toutes trompées. Se seroient-elles imaginé que frere Maur. étoit le chat? quelquefois, sur tout lorsqu'il recommençoit à miauler, les bonnes Nonnes lui jettoient quelques morceaux qui étoient encore assez propres pour que frere Maur. n'eût aucune répugnance d'en goûter. Mais il pensa se perdre par son indiscretion. Il voulut contre faire le chat en tout, & eut la temerité d'aller jouer de la patte un peu trop haut sous la robbe de la jeune sœur Alix, qui se leva aussitôt en jettant un grand cri: toutes les autres se leverent en même tems pour regarder sous la table & chasser le maudit chat. Frere Maur. qui vit qu'il n'y avoit plus de tems à perdre, leva la table sur son dos, & la culbuta entierement, desorte que toute la vaisselle, qui étoit fragile, fut fracassée, & les chandelles allumées s'éteignirent: c'étoit justement dans cette intention que frere Maur, avoit renversé la table. Il se sauva à la faveur des tenebres; & les pauvres Nonnes ne s'en prirent qu'à elles mêmes du renversement de la table, parceque, s'étant toutes levées précipitamment, elles s'imaginerent que quelques unes de la bande, s'étoient heurtées étourdiment contre la table, & l'avoient culbutée. Frere Maur, se tira ainsi d'affaire d'un pas extrêmement perilleux.

AVAN-

AVANTURE XIV.

L'EGUILLON.

La nuit ſuivante il s'expoſa au même danger; & après avoir aſſiſté à matines, il ſortit avant les Nonnes, & alla vîte ſe cacher dans l'endroit deſtiné à vacquer aux neceſſités naturelles: incontinent après ſurvint une Religieuſe qui entra dans la loge voiſine de celle où étoit frere Maur.; la pauvre Nonne qui avoit ſans doute les entrailles échauffées, avoit mille peines de ſe de livrer de cequi la gênoit. Frere Maur. compatiſſoit à ſes ſouffrances. Il s'étoit muni d'une petite baguette courbe, au bout de laquelle il avoit attaché une éguille. Il paſſa la main par la lunette, & alla picquotter la pauvre Nonne dans un endroit fort ſenſible; elle oublia dans l'inſtant cequi la preſſoit, & ſe ſauva dans le Dortoir; frere Maur. craignant d'etre ſurpris dans cet endroit la ſuivit de près, & s'evada.

AVANTURE XV.

LE COLLOQUE.

Une autrefois il fut témoin auriculaire d'un entretien que deux jeunes Nonnes eurent entr'elles dans un endroit écarté de la maison, où il les avoit suivies sans qu'elles l'eussent apperçu. Ces deux malheureuses Victimes de l'ambition de leurs parens qui les avoient sacrifiées, pour avantager d'autres enfans qu'ils vouloient avancer dans le monde, regrettoient les oignons d'Egypte; &, comme elles étoient toutes deux dans le même cas, elles épanchoient mutuellement leurs cœurs dans le sein l'une de l'autre. Frere Maur. fut si attendri d'entendre leurs regrets & leurs lamentations, que les larmes lui en vinrent prèsqu'aux yeux. Elles se racontoient leurs anciennes amourettes, se rappelloient le souvanir des doux momens qu'elles avoient passés avec leurs tendres amans, d'entre les bras desquels on les avoit inhumainement arrachées, pour les ensevelir dans l'obscurité d'un cloitre. Frere Maur. qui n'avoit n'avoit pas perdu un ſeul mot du colloque, l'ecrivit en caracteres déguiſés, en fit trois copies, qu'il mit la nuit ſuivante l'une à la porte de la Prieure, & les deux autres à celles des deux cauſeuſes. Les pauvres Nonnetes furent dans un étonnement inexprimable de voir une ſi fidelle expoſition de ce qu'elles croioient ſi ſecret, & s'imaginerent qu'il y avoit en cela du ſurnaturel, & que c'étoit quelque operation du Demon.

AVANTURE XVI.

LA CONDAMNATION DES CHATS.

Frere Maur. faiſoit effectivement le perſonnage d'un franc Lutin. Il ne paſſoit aucune nuit, ſans faire ſa tournée dans le Couvent: il grimpoit après les barreaux, & voioit ces pauvres Nonnes, à travers les Vitres de leurs cellules, faire leurs plus ſecretes beſognes, & donner la chaſſe à leurs puces. Il ne manquoit aucune nuit d'épancher de l'eau à la porte de la Prieure, qui s'appercevant de cette incongruité journaliere, en accuſa les chats de la maiſon, contre leſquels elle étoit ſi fortement indignée, qu'elle avoit juré leur perte. Elle fit part à la Communauté du juſte ſujet de ſon indignation. Ces bonnes filles qui aimoient tendrement leur mere, furent ſenſibles à ſon chagrin, & l'approuverent dans ſon mécontentement contre les chats de la maiſon, deſorte que leur mort fut réſolüe tout d'une voix. Le lendemain matin au retour de l'office, la Prieure leurs montra cette ſaleté qui ne manquoit point d'être faite tous les jours à ſa porte. Les ſœurs s'approcherent avec de la lumiere pour l'examiner. Une d'entr'elles qui cheriſſoit les chats & qui n'avoit point été de l'avis general qui les avoit condamnés à la mort, porta le doigt ſur le plancher, & l'approcha enſuite de ſon néz. Elle décida hardiment que ce n'étoit point d'un chat, parceque cette liqueur n'exhaloit point une ſi mauvaiſe odeur que l'urine de chat. La Prieure ſe mocqua d'elle; elle fut huée de toutes ſes ſœurs. C'étoit cependant celle qui avoit rencontré juſte. L'execution des chats s'enſuivit,

& fre-

& frere Maur. fut charmé de n'en plus rencontrer dans son chemin, parcequ'ils le gênoient souvent.

AVANTURE XVII.

LA RÉVÉLATION.

Une Religieuse vint à mourir sur ces entrefaites, & frere Maur. fut témoin oculaire de sa mort: il la vit expirer à onze heures de nuit, regardant à travers les Vîtres tout cequi se passoit dans la chambre d'infirmerie. Lorsqu'il fut rentré dans l'Abbaye, & qu'il alloit à l'Eglise avec les autres moines pour chanter matines; il jetta de profonds soupirs: ceux qui marchoient dans le dortoir à côté de lui, lui en demanderent la raison à voix basse, parceque le silence s'observe rigoureusement pendant la nuit dans les monasteres. Helas! leur répondit frere Maur. en gemissant encore, j'ai eu des Visions éffraiantes pendant mon sommeil; j'ai vû expirer la pauvre sœur Ursule: il raconta desuite plusieurs circonstances de son prétendu songe. C'étoit effectivement

vement tout cequi s'étoit passé à la mort de sœur Ursule. Pendant le jour les moines allerent au Couvent des religieuses, pour enterrer la defunte: après la Ceremonie faite, quelques uns d'entr'eux à qui frere Maur. avoit fait confidence de sa prétendüe revelation, en parlerent à la grille aux Nonnes, qui furent étonnées de trouver entre le songe de frere Maur. & les circonstances de la mort de sœur Ursule une si grande conformité. Il en fut même respecté par ces bonnes filles comme un homme à révelation; car jusque là on ne soupçonnoit rien de ses courses nocturnes, tant il prenoit bien ses précautions!

AVANTURE XVIII.

LE POT DE CHAMBRE.

Frere Maurice faillit un jour d'être découvert: comme il passoit sous les fenêtres des Nonnes, pour penetrer dans l'interieur du Couvent, une Religieuse qui s'étoit couchée plus tard qu'à l'ordinaire vuida son pot de chambre par

par ſa fenêtre ſi directement ſur la tête de frere Maur. qu'il n'en perdit pas une goutte. Il fut ſi étourdi de cette lavaſſe, qu'il lui échappa de jetter un cri; La ſœur avertie par ce cri remit la tête à la fenêtre, & apperçut frere Maur. qui par bonheur étoit affublé d'un voile & d'une guimpe. La Religieuſe le prit pour une de ſes compagnes, & lui demanda pardon à voix baſſe: mais frere Maur., ſans s'amuſer à écouter le compliment d'excuſe & de condoleance entra dans l'interieur de la maiſon.

AVANTURE XIX.

LA DISCIPLINE.

C'étoit un jour de Vendredy, auquel les Nonnes avant d'aller à matines, vont prendre la diſcipline dans la ſalle du Chapître. Elles recitent le miſerere, & éteignent la lumiere, pour faire la ceremonie. Frere Maur. ſe mêla, parmi la foule: & comme c'étoit dans l'intention d'être de cette partie, qu'il étoit venu au Couvent cette nuit, il s'étoit

muni

muni de ſa diſcipline; car les moines ont la louable coutume de ſe fouetter auſſi bien que les Nonnes. Frere Maur. remarquant que quelques Nonnetes, au milieu desquelles il ſe trouvoit, frappoient trop mollement leur chair rebelle, ſuppléoit au défaut de leur zéle, & donnoit à droite & à gauche aſſez rudement. Les pauvres Nonnetes s'imaginant que c'étoit leur mere maîtreſſe qui les eguillonoit ainſi, prirent cette mortification en patience. Elles ne s'en plaignirent pas même à elle, & ſe corrigerent dans la ſuite de leur delicateſſe, & de leur trop grande indulgence pour leur miſerable carcaſſe.

AVANTURE XX.

LE CLYSTERE.

Le ſuccés qu'avoient toutes ces farces de frere Maur. l'enhardit. Il s'expoſa avec temerité à être connu dans une occaſion. Il parcouroit le Couvent à ſon ordinaire; & paſſant près de l'infirmerie, il vit, par une porte entr'ouverte, une Religieuſe dans la diſpoſition de de reçevoir un clyſtere : la ſœur infirmiere avoit ſans doute oublié quelque linge nécéſſaire à l'operation, & étoit paſſée dans d'autres appartemens pour les aller chercher. Frere Maur. profitant de l'inſtant de ſon abſence, entra à pas ferme dans la chambre, & s'approcha du lit de la malade qui avoit le viſage tourné du côté de la muraille toute prête à recevoir le ſoulagement qui lui étoit préparé. La ſeringue étoit poſée ſur une chaiſe, la drogue y étoit contenüe : frere Maur. la prit ſur le champ & fit l'office de l'infirmiere. La malade ne le regarda pas même, croiant bonnement que c'étoit ſa chere ſœur qui ayant trouvé ce qu'il falloit étoit revenüe dans le moment. L'operation faite, frere Maur. ſortit : à peine fut-il dehors, que l'infirmiere rentra : elle ſe mit en devoir de faire ſon ouvrage : mais voiant la ſeringue vuide, & la malade enveloppée dans ſes mantes ; elle lui demanda ſi elle s'étoit donné elle même le remede : la malade lui demanda à ſon tour ſi elle avoit rêvé en le lui donnant, pour l'avoir ſi tôt oublié.

blié. Elles furent ſur le point de ſe dire des injures ; s'accuſant reciproquement l'une de menſonge, l'autre de reverie. La malade aſſûra avec une eſpece de ſerment, à la maniere des Nonnes, qu'on lui avoit donné le remede: l'infirmière s'appaiſa en penſant que quelque ſœur badine avoit ſaiſi le moment de ſon abſence, pour faire l'operation, & s'étoit auſſitôt eſquivée, pour ſe divertir enſuite de leur ſurpriſe. Le lendemain la Prieure fut informée de l'avanture: elle interrogea les ſœurs, qui nierent toutes qu'elles euſſent joué ce tour; & comme elles n'étoient effectivement point coupables, elles ne craignirent point d'affirmer leur innocence avec leur eſpece de ſerment. La Prieure qui connoiſſoit leur candeur & leur ſincerité, ajoûta foi à leurs ſermens. Il n'y avoit que quelques ſemaines qu'on avoit enterré la religieuſe à la mort de laquelle frere Maur. avoit feint d'avoir eu une revelation : comme elle avoit été longtems infirmiere pendant ſa vie, & qu'elle avoit rendu frequemment & volontiers des ſervices de charité à ſes com-

compagnes, qui, comme on sçait, ont souvent besoin de quelques petits rafraichissemens, à cause de l'inflammation des intestins causée par l'affection histerique à laquelle elles ne sont que trop sujettes (la malade à qui frere Maur. avoit donné le clystere étoit précisement dans le cas, & dans la fleur de son âge, c'est à dire dans le force des passions), la Prieure & ses bonnes filles se rappellerent le souvenir de la défunte Infirmiere, & s'imaginerent qu'elle étoit revenüe encore après sa mort executer son ancien office de charité envers ses sœurs, parcequ'elles ne l'avoient pas oubliée dans leurs oraisons.

AVANTURE XXI.

LA POULE NOIRE.

Quelques jours après les Religieuses inviterent les moines à un repas qui se devoit donner à la grille: on avoit dressé deux tables dans le parloir; l'une en dedans de la grille pour les Nonnes, l'autre en dehors pour les moi-

moines. Frere Maur. fut appellé à ce banquet, comme les autres: mais dans le tems qu'on le préparoit, il fit une tournée dans la bassecour exterieure du Couvent des Nonnes. Il donna la chasse à une poule noire qu'il attrappa enfin: il la mit dans ses caleçons qu'il portoit fort amples, & qui lui servoient quelquefois de besace: mais par malheur il fut apperçu par une servante des religieuses: elle vint avertir aussitôt la Prieure. Frere Maur. étoit retourné à la grille avec la poule dans ses culottes. La Prieure, s'addressant à un des plus anciens moines de ceux qu'elle régaloit, lui dit que parmi ses compagnons, il se trouvoit un Larron, & qu'il avoit dérobé une poule qu'il devoit encore avoir sur lui. On n'eut pas besoin de jetter le sort: le soupçon tomba sur frere Maur. qui étoit assez connu de ses Confreres. Deux des plus robustes se saisirent de lui, & commencerent à le tâtonner. Ils firent bientôt crier la poule, à qui frere Maur. avoit fait passer la tête par l'ouverture anterieure de ses caleçons: il ne l'avoit point étranglée;

glée, ſoit qu'il n'eut pas eu le tems de le faire, ou qu'il eut un ſcrupule de la manger ſuffoquée, ſe reſervant de la ſaigner à loiſir. Ses deux vigoureux Confreres lui retrouſſerent la robbe, & la lui lierent par deſſus la tête. C'étoit un plaiſant ſpectacle de le voir dans cette attitude. Les moines & les Nonnes étouffoient de rire. Le plus ancien des moines, qui étoit un Vieillard de bonne humeur, dit à la Prieure qu'il étoit juſte de reprendre ſon bien, partout où on le trouvoit, & qu'elle pouvoit par conſequent faire venir la Servante, pour reprendre ſa poule. Elle fut appellée, mais elle ne put jamais ſe reſoudre à tirer la poule de ſa priſon. Frere Maur. demanda quartier, & la permiſſion de s'éloigner un moment, pour remettre la poule en liberté. Il l'apporta ſur le champ, & dit, pour s'excuſer, que ſon intention en prenant cette poule avoit été de la nourrir avec grand ſoin juſques à Pacques, & d'en conſerver tous les Oeufs, pour en faire des Oeufs de Pacques bien enjolivés, & les diſtribuer dans ce tems aux religieuſes. Ont rit beaucoup de part & d'autre de l'avanture & de l'excuſe controuvée.

AVANTURE XXI.

L'OMELETTE.

Les moines prierent la Prieure de faire mettre de côté tous les Oeufs de la poule noire, juſqu'à la concurrence d'une douzaine, parcequ'ils vouloient que frere Maur. en eût une Omelette. Un mois après cette avanture, les moines étant allés prendre leur récreation à la campagne, ils y porterent les Oeufs de la poule noire que les religieuſes avoient ſoigneuſement conſervés. Ils entrerent dans un petit bois: alors les deux plus vigoureux de la bande ſaiſiſſant frere Maur., ils l'obligerent de couler la douzaine d'Oeufs dans ſes caleçons. Il fallut bien ſe ſoûmettre, & s'y prêta d'aſſez bonne grace. Les deux eſtafiers le prirent pas deſſous les bras, le porterent à terre, & lui donnerent une

une eſpéce d'eſtrapade, juſqu'à ceque tout fut reduit en marmelade. Ce fut ainſi que frere Maur. fut puni du vol de la poule noire.

FIN

DE LA PREMIERE PARTIE.

LE MOMUS MOINE
OU LES
AVANTURES DIVERTISSANTES
DE FRERE MAURICE,
PAR LE Sr. D***

SECONDE PARTIE.

Frere Maurice eut l'imprudence de faire confidence de quelques uns de ses tours nocturnes dans le Couvent des Nonnes, à un moine qui se disoit de ses Amis: celui ci ne lui garda point le Secret; & le Prieur en fut informé. Il ne voulut point punir frere Maur. avec éclat, ni trop approfondir: il se contenta après lui avoir imposé quelques pénitences secretes, de l'envoier demeurer dans une autre maison de l'Ordre, avec la permission des Superieurs Généraux. Frere Maur. n'avoit plus dans sa nouvelle demeure un si beau champ, pour jouer ses tours, dont il s'étoit fait une si forte habitude qu'il ne pouvoit plus la quitter. Il roula cependant dans sa tête quelques projets; après

après avoir remarqué la position de la maison, & en avoir, pour ainsi dire, tiré le plan.

AVANTURE I.

LES DINDONS EPILEPTIQUES.

La Basse-cour de l'Abbé, contigüe à celle des moines, parut à frere Maur, un endroit propre à faire quelques incursions & irruptions sur la volaille. Il jetta des jeux de concupiscence sur des dindons d'une beauté admirable qui s'y promenoient aussi fiers que des paons. Un jour qu'il étoit seur de n'être apperçu de personne, il fondit sur la gent dindoniere, & passa à tous ceux qui lui tomberent sous la main une éguille à travers la tête. S'étant aussitôt évadé, les servantes de l'Abbé ne tarderent pas à s'apperçevoir que leurs dindons vacilloient en marchant, & paroissoient comme yvres. Frere Maur, reparut sur les entrefaites, & s'approcha des servantes, qui environnoient leurs dindons, ne sachant, quoi penser de les voir dans ce déplorable

 état.

état. Elles lui demanderent cequ'il en penfoit lui même : après les avoir examinés, tâtonnés & retournés : ah! s'écriat-il, ils font attaqués d'une maladie funefte ; ils tombent du mal caduc ou d'Epilepfie : il ajoûta que la caufe de leur mal étoit d'avoir bû de l'eau dont quelques filles qui n'avoient point confervé leur Virginité avoient bû auparavant. Ces filles le crurent bonnement & firent un retour fur leur confcience. Les dindons étant morts de leur prétendüe attaque d'Epilepfie ; frere Maur. demanda leurs cadavres aux fervantes, pour les embaumer, afin de les mettre en parade dans fa cellule, parce, difoit-il, qu'ils étoient de fort beaux oifeaux, & qu'ils avoient un joli plumage ; mais il s'embaraffa peu du plumage, & ne fit ufage que de leur chair, dont il fe regala pendant plufieurs jours. Il faifoit fa Cuifine pendant que les moines dormoient. L'Abbé plus clairvoyant que fes fervantes, ne fut pas auffi crédule qu'elles à l'interpretation de frere Maur., & le foupçonna d'avoir avancé la mort de fes dindons par

par quelque cause plus naturelle que l'Epilepsie: il ordonna qu'on empêchât frere Maur. d'entrer dans son quartier Abbatial. Se voiant donc exclu d'un si beau terrain, il inventa d'autres moiens d'aider Mr. l'Abbé dans la consommation de sa Volaille.

AVANTURE II.

LA PECHE DES DINDONS.

La Basse cour de l'Abbé étant contigüe au Jardin des moines, frere Maur. choisit un coin du Jardin, d'où, sans être apperçu, il jettoit de l'autre côté une petite corde au bout de laquelle étoit attaché un hameçon avec des appas. Les dindons se prennoient à l'amorce, & frere Maur. les tiroit à soi par-dessus le mur. Ce Stratageme lui réussit pendant quelque tems: mais enfin les servantes de l'Abbé voyant que le trouppeau des dindons diminuoit, les garderent avec plus de soin, & découvrirent la ruse. Elles virent un de leurs dindons qui paroissoit grimper contre la muraille, & passer de l'autre côté: elles s'apperçurent bien qu'on l'aidoit à faire ce trajet. L'Abbé fut aussitôt averti: il y étoit le plus intéressé (il aimoit la bonne chere, & pendant que ses moines observoient l'abstinence de la viande, sa table étoit toûjours couverte du plus fin gibier, & de la volaille la plus exquise). Il résolut de punir frere Maur. de l'attentat qu'il avoit commis contre ses dindons; mais il suspendit l'exécution de son projet. Il le fit appeller quelques jours après, sous le pretexte de le faire manger à sa table. Frere Maur. qui ne croioit pas que son manège étoit découvert, fut fort sensible à l'honneur que lui faisoit Mr. l'Abbé de l'inviter à sa table, & alla gaillardement au quartier Abbatial. Les servantes, que l'Abbé avoit apostées, pour servir de ministres à sa vengeance, se saisirent de frere Maur. aussitôt qu'il parut: C'étoient de vigoureuses filles, elles vinrent aisément à bout de le porter au bassin de la fontaine, & de l'y plonger à plusieurs reprises. Il fut absolument étourdi par la ceremonie qu'on lui faisoit faire,

faire, & devint honteux comme une poule mouillée. Il eût encore à eſſuier pluſieurs coups que ces filles lui dechargerent ſur le dos avec les inſtrumens dont elles ſe ſervoient pour battre la leſſive; &, par deſſus tout, il fut raillé de l'Abbé qui regardoit cette ſcêne par une fenêtre, & encourageoit ſes ſervantes à bien faire leurs perſonnages. Il fut parfaitement leſſivé. Il ne prit d'autre Vengeance du mauvais traitement que l'Abbé lui avoit fait ſouffrir, que d'aller écrire avec de la craie à la porte de ſon antichambre les Vers ſuivans.

Tes moines ſont des pauvres diables,
Portraits d'animaux raiſonnables,
Mais qui n'ont pas plus de raiſon,
Qu'en pourroit avoir un oiſon.
Tu leurs donnes courte pitance,
Malgré leur groſſe & large panſe.
Ils ne t'imitent qu'en ceci,
Qu'ils ſont comme toi ſans ſouci.

Il ne ſe rebuta pas des mauvais ſuccés qu'avoient eu ſes caravannes dans la baſſecour.

AVANTURE III.

LE LARRON PRIS DANS LE POULALLIER.

Frere Maur. fit pendant la nuit quelques irruptions dans le poulallier. Il rafloit les poulets & les Oeufs frais de Mr. l'Abbé. Les ſervantes crurent que c'étoit la belette qui faiſoit cette capture: elles lui tendirent des pieges; mais ils n'étoient point aſſez forts, pour que frere Maur. pût s'y prendre. L'Abbé imagina un moien d'attrapper le voleur: Il fit charger un fuſil ſeulement à poudre, le fit attacher tout prêt à tirer, à pluſieurs endroits du poulallier, deſorte qu'il étoit impoſſible d'y entrer, ſans faire lâcher le coup. Tous les domeſtiques eurent ordre de veiller & de ſe tenir prêts à courir ſus au voleur, lorſque le coup partiroit. Frere Maur. vint à ſon ordinaire; il paſſoit du grenier des moines dans celui de l'Abbé, & deſcendoit par l'ecurie, d'où il paſſoit au poulallier. Dans le moment qu'il faiſoit ſa capture, le coup partit. La fraieur le ſaiſit tellement qu'il crut être mort: lorſqu'il revint à lui, il ſe

vit

vit entre les mains de tous les domeſtiques de l'Abbé, qui le garderent juſqu'au matin, pour aller le preſenter à leur maître à ſon reveil. Lorſqu'on l'amena devant ſon juge, il étoit, comme on dit, plus honteux qu'un loup pris au trebuchet: il en avoit toute la figure; car pour ſe déguiſer dans ſes ſorties nocturnes, il s'habilloit d'une maniere biſarre, ſur tout depuis l'avanture des artiſons. Il reſſembloit à un loup garrou. L'Abbé le fit mener dans cet équipage devant le Prieur & les moines, qui s'étoient aſſemblés pour décider de ſon ſort. Après une mercuriale foudroiante, on lui impoſa une rude pénitence, qu'il accomplit humblement. Il fit reflexion ſur les dangers auxquels il s'expoſoit dans ſes courſes nocturnes, & s'en corrigea, mais il roula dans ſa tête d'autres projets, pour ſe procurer, ſans courir tant de riſques, les mêmes douceurs qui lui avoient coûté tant de peines & de veilles; car il minoit ſa ſanté. Il eſt vrai qu'il ſuppléoit au repos de la nuit, par celui qu'il prenoit pendant le jour: il étoit le le plus exact à garder sa cellule, & c'étoit cequi trompoit le Prieur, qui le regardoit comme un religieux retiré & occupé: car il faisoit assez bien l'hypocrite, & lorsqu'il meditoit ses coups, c'étoit alors qu'il contrefaisoit le devot. Il restoit à l'Eglise après les autres feignant de prolonger ses oraisons & meditations; mais au lieu d'étudier & de prier, il s'amusoit dans sa chambre à elever un petit chat qu'il dressa à merveilles, & qu'il nomma Caramagnol.

AVANTURE IV.

LE CHAT CARAMAGNOL.

Quand frere Maur. eût donné au chat Caramagnol bien des leçons de l'art d'escamoter, qu'il sçavoit si bien lui même, il l'envoia en course. Il lui montra sur tout le chemin de la Cuisine de l'Abbé. Caramagnol répondit parfaitement aux esperances que son maître avoit conçues de ses talens: il filoutoit adroitement les meilleurs morceaux de la Cuisine de l'Abbé, & les venoit partager avec son maître. Ce manege

manege dura assez longtems sans être découvert. Il y eut cependant quelques soupçons sur le compte de Caramagnol, & on ne le voioit pas de bon œil chez l'Abbé: il y eut même des ordres de le chasses, lorsqu'il paroîtroit.

AVANTURE V.

CARAMAGNOL SONNEUR.

Depuis que le filou Caramagnol devint suspect, & qu'on se tint en garde, il n'avoit plus la même facilité de faire ses coups; il se trouvoit la plûpart du tems de même que son maître reduit à la maigre pitance du refectoire. Il contracta une si grande habitude de s'y rendre aux heures des repas, que lorsqu'on ne sonnoit pas à l'heure précise pour y assembler les moines, parceque l'horloge étoit derangé, Caramagnol alloit se pendre après la corde de la cloche destinée pour cet exercice, & la tiroit de toutes ses forces, pour la faire sonner: cequi lui est arrivé mainte & mainte fois, & plusieurs moines qui vivent encore en ont été témoins. Quelques uns s'imaginerent en conſequence que le pauvre Caramagnol avoit le diable au corps, & qu'il alloit au Sabbat.

AVANTURE VI.

CARAMAGNOL SORCIER.

Cequi confirma cette opinion que Caramagnol étoit ſorcier; c'eſt qu'une conjuration s'étant élevée contre lui, parceque, diſoit on, il étoit abſolument inutile à la maiſon, & qu'il ne rendoit pas les mêmes ſervices que les autres chats, qui aumoins meritoient leur entretien en détruiſant les ſouris: Caramagnol (entendant ou non les plaintes que l'on faiſoit contre lui,) dans ce moment alla donner la chaſſe à quelques ſouris: il en rapporta deux dans ſa gueule encore toutes vivantes aumilieu du refectoire, en preſence de la Communauté pendant le dîner: pour faire montre de ſon adreſſe, il les lâchoit de tems en tems, & les reſaiſiſſoit enſuite. Il donna ce divertiſſement aux Moines pendant tout

tout leur repas, à la fin duquel il étrangla les ſouris & les mangea, ſans vouloir rien goûter de tout cequе les moines lui préſenterent. Pour le coup on ne douta plus qu'il fût ſorcier; & ſa mort fut reſolüe: cequi acheva de déterminer les moines à en venir à cette extremité, c'eſt que quand ils s'aſſembloient ſecretement dans quelqu'endroit ecarté de la maiſon, pour s'y divertir, & y manger quelque morceau prohibé par les ſtatuts de la Regle qui défend l'uſage de la viande, Caramagnol qui avoit l'odorat exquis, avoit bientôt découvert le lieu où ſe donnoit le regal; il venoit chercher ſon maître lorſqu'il n'y étoit pas invité, & le menoit au feſtin, en le tenant par le bas de la robbe.

AVANTURE VII.

MORT DE CARAMAGNOL, SON ORAISON FUNEBRE.

Les moines laſſés d'un pareil eſpion qui déterroit tout, préparerent du poiſon, pour l'envoier, diſoient ils au diable par l'organe duquel il agiſſoit ſi viſi-

visiblement. Un vieux moine se chargea de l'exécution de cet exécrable attentat. Caramagnol lui avoit joué un tour sanglant en pleine Communauté: il avoit sautillé contre la poche de ce vieux gourmand, parcequ'il y avoit dedans une cuisse de dindon que le Cuisinier lui avoit donné pour la manger en secret. Dés le même jour le funeste poison trancha le fil des jours du malheureux Caramagnol. Son maître en fut sensiblement affligé; & pour se consoles, il lui composa une oraison funebre, où il avoit déploié toute sa Rhetorique. On lui permit même, par maniere de divertissement, de déclamer cette piecé devant la Communauté, qui lui donna les applaudissemens qu'elle meritoit. Nous n'avons pas pû l'avoir pour l'inserer dans nôtre recueil, cequi auroit sans doute fait plaisir au lecteur. Ce fut ainsi que perit le fidele Caramagnol. Frere Maur. essaia de lui substituer un successeur: mais il ne put jamais venir à bout d'en dresser un qui lui rendît les mêmes services que son Caramagnol à qui il ne manquoit que la parole.

AVAN-

AVANTURE VIII.

REMEDE CONTRE LA BRÛLURE.

Frere Maur. se vit obligé, lorsqu'il n'étoit pas satisfait de la pitance du refectoire, d'aller faire quelques tours de Cuisine, & d'y escamoter quelques morceaux dans le pot gras destiné aux moines malades, qu'il appelloit le pot des chanoines, pour le distinguer du pot des moines, où l'on faisoit la soupe maigre. Il ne hesitoit pas d'y prendre la viande toute bouillante avec ses doigts dans le tems que le Cuisinier tournoit le dos; & pour faire passer la brûlure, il se picquottoit le bout des doigts avec la pointe d'une Epingle, les suçoit ensuite, & la douleur se passoit. Enfin il faisoit si bien son compte, qu'il ne manquoit jamais de quelques morceaux en gras.

AVANTURE IX.

LE COCHON MAGIQUE.

Un jour d'hyver frere Maur. se trouvant au Chauffoir avec les autres moines,

moines, il fit devant eux quelques tours de passe passe qu'il sçavoit fort bien, les ayant appris à l'ecole de son ancien maître l'Operateur ; il escamotoit même avec des pommes reinettes. Après avoir fait plusieurs tours qui les surprirent, il leur proposa de faire paroître devant eux sur le champ un cochon tout rôti, s'ils en vouloient manger : tous le mirent au défi de faire un tour de magie de cette force, & les plus scrupuleux de la bande promirent de manger de cette viande défendüe, s'imaginant que frere Maur. ne pourroit par les mettre dans le cas de prévariquer contre leur regle, en faisant un tel prodige : mais il prit incontinent la pêle à feu, & écartant les cendres du feu qui étoit fort grand, il découvrit deux tuiles convexes entre lesquelles cuisoit un cochon de lait qu'il avoit eu la précaution d'y mettre deux heures auparavant. On lui pardonna la trangression qu'il avoit commise contre la regle en considération des circonstances plaisantes du fait.

AVAN-

AVANTURE X.

LE CARDINAL FANFAN.

Frere Maur. ne fit que changer d'objet pour exercer le talent qu'il ſe ſentoit pour la plaiſanterie. Il jetta les yeux ſur quelques uns de ſes Confreres qu'il trouva propres à ſervir de riſée. Un entr'autres étoit d'une taille prodigieuſe, & égaloit prèsqu'en groſſeur le fameux Milord Powai qui, dit-on, avoit 16 pieds de circonference. La ſubſtance materielle avoit tellement abſorbé la ſpirituelle dans ce gros moine, qu'il étoit devenu imbécile. On le nommoit frere François, n'ayant pas été promu aux ordres ſacrés de même que frere Maur. qui lui donna le ſur nom de Cardinal Fanfan. Il l'habilloit effectivement en Cardinal, lorſqu'il vouloit divertir la Communauté: le coloſſe ſe prêtoit de bonne grace, & reçevoit même avec une ſotte vanité les reſpects qu'on feignoit de lui rendre en cette pretendüe qualité. Il n'avoit rien de plus cher au monde que la taſſe dont il ſe ſervoit pour boire au refectoire: & le feu ayant pris ſubitement à la maiſon, dans le tems que chacun s'empreſſoit à mettre la main à l'œuvre pour l'éteindre, il courut au refectoire pour ſauver ſa taſſe, qu'il alla porter au fonds du Jardin.

AVANTURE XI.

LE NEZ DU PRIEUR MOUCHÉ.

On avoit fait à ſon Eminence le Cardinal Fanfan une eſpéce de fauteüil roulant dans lequel il ſe mettoit, pour racler ave un outil les Allées du Jardin: il faiſoit reculer ſon fauteüil à meſure que l'ouvrage avançoit. S'étant un jour endormi dans ſon fauteüil, il n'entendit pas ſonner l'office & y manqua; pour le punir, on le priva de ſa pitance de vin. Frere Maur, en vrai boute feu, lui mit martel en tête, & lui perſuada, pour ſe venger de l'affront ſanglant qu'on avoit fait à ſon Eminence, lorſqu'il paſſeroit devant le Prieur immediatement après le repas fini, & que, ſelon ſa coutume, il frotteroit avec une groſſe éponge les plats ſur fur lesquels on plaçoit la vaisselle du vin & de l'eau, de la lui passer sur le visage. Le Cardinal Fanfan executa ponctuellement le Conseil de frere Maur., & en passant devant le Prieur, il lui porta l'eponge au nés, qu'il lui frottà rudement, en lui reprochant sa dureté & son impertinence d'avoir osé faire boire de l'eau à un Cardinal.

AVANTURE XII.

LES ABSTRACTIONS.

Dans la même Communeuté étoit aussi un gros moine fort abstrait: frere Maur. ne manqua pas de tirer parti du défaut qu'il lui connoissoit, pour lui faire faire des démarches ridicules. Un beau jour de Pacques, comme ils devoient chanter tous deux l'Introït de la Messe, frere Maur. tourna les feuillets du livre de chant, & lui presenta l'Introït de la Messe des morts. Le moine abstrait entonna aussitôt d'une voix forte le requiem, & poursuivoit sur le même ton sans s'apperçevoir de l'étonnement général des moines

nes qui le reprennoient, & dont quelques uns ne pouvoient s'empêcher de rire.

AVANTURE XIII.

LA QUEUE DU FROC, RETROUSSÉE.

Ce même Moine avoit le ſommeil extrêmement dur, & l'on étoit ſouvent obligé de l'aller éveiller dans ſon lit, pour l'avertir de ſe rendre au chœur ou tous les autres ſe trouvoient déja. Frere Maur. étoit chargé de cette commiſſion : il alla un jour le chercher pour venir à la meditation qui ſe fait à cinq heures du matin : il l'aida à ſe lever, & lui prépara ſon habillement de chœur que les moines appellent froc; mais il eut la malice de lui en retrouſſer la queüe qu'il attacha à la pointe du capuchon avec une épingle. Le pauvre moine qui ne vouloit par ſe charger de trop d'habits, parcequ'il faiſoit fort chaud, ne fit qu'endoſſer ſon froc ſur ſa chemiſe de ſerge, ſans même mettre ſes caleçons, & s'en vint au chœur, ſans s'apperçevoir que ſon froc

froc étoit retrouſſé par derriere. Il vint s'agenouiller au milieu du chœur, en attendant que le Prieur lui fit le ſigne de ſe lever, parceque c'eſt la peine que les moines font ſubir aux négligens. Le Prieur qui étoit enfoncé dans ſes meditations, leva la tête pour voir celui qui étoit venu ſe mettre à genoux, afin de lui faire le ſigne, pour aller à ſa place au chœur; mais il fut bien étonné du ſpectacle qui s'offrit à ſes yeux: le pauvre gros moine étaloit un ample derriere d'une aulne de largeur. Le Prieur en conſéquence lui fit bruſquement un ſigne bruïant, & lui cria à haute voix de ſe lever, en le traitant de Vilain. Tout les moines à ce cri leverent les yeux, & malgré le recueillement ou la meditation les avoit plongés, ils ne purent pour la plûpart s'empêcher de rire. Celui qui étoit le ſujet de la riſée étoit le ſeul qui ne rioit pas, parcequ'il en ignoroit la cauſe. Il ne ſçavoit quel parti prendre, juſqu'à ce qu'un moine ſortant de ſa place, vint l'avertir d'aller ſe mettre dans un état plus décent.

AVANTURE XIV.

LE FAUX TON.

Le Prieur vit bien que l'avanture precédente étoit une piéce de frere Maurice, & il lui en fit une verte mercuriale; le denouement fut encore fort plaiſant. Le gros moine étant revenu à ſa place au chœur, pendant qu'on continuoit à faire la meditation en ſilence, ſe reſſentoit encore tellement de la détreſſe où l'affront qu'il venoit d'eſſuïer l'avoit mis, qu'il lui échappa de faire un bruit qui n'étoit pas honnête. Pour corriger un peu ſon incivilité, il racloit le plancher avec la ſemelle de ſa pantouſſle: ce qui donna occaſion à frere Maur. qui étoit près de lui de dire aſſez haut: oh parbleu tu ne reviens pas au ton. Cet inpromptu renouvella les éclats de rire, quoiqu'étouffés des moines, & mit leurs eſprits recueilles en déſarrois.

AVAN-

AVANTURE XV.

LE DIABLE JETTÉ PAR LA FENETRE.

Le Moine à qui le Prieur avoit confié la clef de la cave, n'étoit point complaiſant & ne contentoit pas ſes Confreres. Frere Maur, ſe chargea de les venger de la dureté avec laquelle il leur refuſoit à boire, pendant qu'indulgent pour lui même, il paſſoit ſouvent les bornes de la ſobrieté, ſur tout le ſoir avant de s'aller coucher. Il avoit le ſommeil extrêmement dur, ſans doute à cauſe des Vapeurs du Vin qui lui chargeoit le cervean. Frere Maur. l'ayant épié un ſoir qu'il ſe retiroit à ſa cellule après avoir bien ſatisfait ſa ſoif, s'imagina bien qu'il ne tarderoit pas à s'endormir profondément. Il fit venir un bouc de chez le fermier de la baſſecour, & le conduiſit dans le dortoir. Quand il crut le moine plongé dans le ſommeil, il entra doucement dans ſa Cellule, car il avoit le Secret d'ouvrir toutes les ſerrures, aumoien de quelques outils. Il lui attacha le bouc à l'orteil par le moien d'une petite corde, & ſortit enſuite, pour attendre, avec deux ou trois moines qui étoient de ſon complot, le ſuccés de la farce. On s'imagine bien que le bouc ne reſta pas immobile, & qu'il harcela le dormeur, & l'inquiéta beaucoup dans ſon ſommeil qui ſe diſſipa un peu dans l'eſpace de deux heures; alors il ouvrit les yeux à demi, pour voir cequi le gênoit ſi fort. Le Lune éclairoit un peu la Cellule. Je laiſſe à juger quel fut ſon étonnement & ſa fraieur, lorsqu'il apperçut cet objet hideux, qui le tiroit du lit; il le prit pour le diable. La vive impreſſion que cet objet fit ſur ſon eſprit le tira bientôt de ſon yvreſſe. Il ſe remit cependant, & comme il étoit vigoureux & hardi de ſon Naturel, il ſauta à bas du lit, & commença à meſurer ſes forces contre celles du diable, qui fut bientôt le plus foible. Ce moine ſentant ſa ſuperiorité, ouvrit ſa fenêtre, & faiſiſſant le Diable à travers le corps, il le précipita dans les enfers. Frere Maur. & ſes complices frapperent auſſitôt à ſa porte en lui criant d'ouvrir, parcequ'ils

étoient

étoient inquiets du bruit qu'ils entendoient dans ſa Cellule, qu'ils en avoient été reveillés, & s'étoient relevés, pour venir voir s'il avoit beſoin de quelqu'aſſiſtance. Notre athléte étoit fort ému, & avoit peine à reprendre ſes ſens; il leur dit par paroles entre-coupées, qu'il venoit de ſe battre contre le Diable, & qu'il avoit eu le bonheur de ſortir Victorieux du combat; ils le feliciterent de ſa Victoire, lui firent prendre un peu de liqueur, pour le remettre, & lui dirent que ſans doute le Diable avoit eu le pouvoir de lui nuire, parcequ'il ne rempliſſoit pas en bon Confrere les devoirs de ſon miniſtere, en refuſant inhumainement à ſes Confreres cequ'ils lui demandoient humblement. Comme il n'étoit par fort ruſé il avala la pillule., il ſe corrigea un peu de ſon defaut, & fut plus indulgent que cy-devant. Frere Maur. lui perſuada de ne pas parler de cette avanture, parcequ'il riſqueroit de paſſer pour un Viſionnaire. Frere Maur. deſcendit enſuite, pour aller chercher des nouvelles du Diable, qui avoit paſſé par la fenê-

fenêtre : il le trouva ſain & ſauf. Il avoit tombé par bonheur ſur une couche du Jardin qui étoit ſous les fenêtres des moines.

AVANTURE XVI.

LE MOINE EMPESÉ.

Cependant le Moine qui avoit ſoin de la cave retomba bientôt dans ſon endurciſſement & recommença à refuſer à boire à ſes Confreres. Frere Maur. imagina un autre moien de lui faire porter la peine de ſa dureté, & même de le faire diſgracier. Il ſçavoit qu'il continuoit à s'enyvrer avant de ſe coucher, & que même il ſe mettoit au lit tout habillé. Frere Maur. entra dans ſa Cellule pendant qu'il étoit à la cave, & répandit entre les draps du lit une grande quantité de colle de pâte entremêlée de petites plumes. Le Moine ne manqua pas de ſe plonger tout habillé dans la colle, ſans s'en apperçevoir, & le lendemain alla à matines dans cet équipage, parceque l'obſcurité l'avoit empêché de le remarquer. Frere Maur. le le montra au doigt, dèſqu'il fut arrivé au chœur. Le Prieur l'en chaſſa, & lui ôta la clef de la cave le même jour, parceque les Moines mécontens murmuroient tout haut, & reprochoient à leur Prieur ſon aveuglement, pour avoir confié un emploi ſi important à un indigne qui en abuſoit, pour ſe ſatisfaire, juſqu'à ſe mettre dans un état ſcandaleux.

AVANTURE XVII.

LE MALADE IMAGINAIRE.

Il arriva ſur ces entrefaites un Moine étranger, c'eſt à dire d'une autre maiſon: c'étoit un homme fort ſimple, qui aimoit aſſez la bonne chere, & qui avoit auſſi l'imagination bleſſée, juſqu'à ſe croire malade dèſqu'on vouloit par dériſion de lui perſuader. Frere Maur. ne manqua pas de donner à l'occaſion de l'arrivée de ce Moine une ſçene divertiſſante à la Communauté. Après que l'étranger eût été bien traité dans un grand repas: frere Maur. qui y fut invité, lui dït ſur la fin, qu'il le trouvoit tout

tout changé, & qu'il avoit perdu les couleurs vives qu'il avoit en se mettant à table. Le Moine crédule commença à s'allarmer de bonne foi pour sa chere santé. Frere Maur. voiant qu'il mordoit à l'hameçon, lui persuada de se mettre au lit, & qu'il alloit lui préparer quelques petits medicamens, pour aider la digestion: il ajoûta qu'il pouvoit se fier à son ordonnance, parce-qu'il avoit pris autrefois, avant de se faire Moine, ses grades de docteur dans une celebre faculté de Medecine; le bon homme le crut, & le respecta même plus qu'auparavant. Frere Maur. alla donc préparer un clystere, & ayant fait accommoder un lit au malade imaginaire, il vint l'y trouver, & lui donna le remede: après qu'il l'eût évacué, frere Maur. lui persuada qu'une sueur seroit excellente pour achever sa guerison: le Moine consentit à tout. Frere Maur. lui fit prendre des sudorifiques, & l'affubla de mantes presqu'à l'étouffer. Il lui prepara un bonnet de nuit, & avoit eu soin de mettre entre le bonnes & la coëffe de nuit une couche de beurre

beurre que la chaleur fit bientôt fondre. Les Moines, pour ſe divertir, étoient venus dans la chambre du malade: tous le plaignoient, & le felicitoient en même tems de ce que les remedes qu'on lui donnoit, operoient de ſi bons effets: ils donnoient de grandes loüanges au Docteur frere Maur, digne enfant d'Hypocrate. Le beurre venant à fondre découloit comme par differens ruiſſeaux ſur le viſage du malade, à qui on faiſoit croire que c'étoit de mauvaiſes humeurs qui prenoient leur iſſüe par les pores. Enfin après lui avoir fait changer, de linge ils le laiſſerent s'endormir tranquillement. Frere Maur. qui ne le perdoit point de vüe, reſta juſqu'à cequ'il le vit endormi profondement; il alla auſſitôt chercher une grande quantité de ſon délaié dans de l'eau, & le répandit dans le lit. Le lendemain le malade à ſon réveil crut que les drogues avoient encore operé pendant la nuit & s'en félicita. Son Medecin vint le trouver, & après lui avoir tâté le pouls, il lui dit qu'il étoit parfaitement gueri, & qu'il pouvoit ſe mettre en route, pour retour-

retourner dans son monastere, sans craindre aucun fâcheux accident pour sa chere santé.

AVANTURE XVIII.

LE FAUX ST. NICOLAS.

Le jour de la fête de St. Nicolas frere Maur. s'avisa de le representer; & ayant fait grande provision de papier doré, il se fabriqua tout l'attirail d'un Evêque, une mître, une chappe, une crosse &c; il se revêtit de ces ornemens pontificaux, & alla se promener dans le dortoir vis-à-vis de la chambre du Prieur. Il donnoit des bénédictions à droite & à gauche, & proferoit des espéces d'Oracles d'un ton enthousiasmé. Le Prieur ayant entendu le bruit, sortit de sa chambre, mais il ne vit le pontife que par derriere. Il étoit descendu aussitôt par un escalier qui conduisoit à l'Eglise. Le Prieur l'y suivit de près, mais le perdit de vûe, parcequ'il s'étoit caché dans un enfoncement qui étoit entre le chœur & la sacristie. Il continuoit à parler haut depuis

puis cet endroit creux, d'où la voix paroiſſoit comme ſortant d'un ſoûterrain, & le ſon de celle de frere Maur. reſſembloit aſſez à celui qu'affectoient autrefois les Pretres des Oracles chez les Payens. Plus le Prieur lui repetoit l'ordre de ſortir de cet endroit, plus le faux Pontife faiſoit retentir ſes Oracles. Il ſe diſoit être tout de bon St. Nicolas, & prétendoit que le Prieur n'avoit rien à commander aux Saints. Le Prieur ſe mit en devoir d'entrer dans cet enfoncement par une extremité, mais frere Maur. ſe fit auſſitôt entendre à l'autre extremité, Enfin le Prieur laſſé de lui reiterer infructueuſement l'ordre de ſortir de cet endroit, monta à ſa chambre: Frere Maur. regagna auſſitôt ſa Cellule, & dépoſa ſes ornemens pontificaux. Un moment aprés le dernier coup de Vêpres ſonna, frere Maur. ſortit de ſa Cellule avec ſon habillement ordinaire de chœur: le Prieur paſſoit juſtement & voulut lui faire une réprimande, mais frere Maur. lui dit qu'il ne ſçavoit ce que cela ſignifioit, qu'il avoit ſans doute rêvé, & avoit été trompé par quelqu'illuſion; ou que ſi la choſe étoit réelle, il avoit eu le bonheur d'être favoriſé d'une viſion ſurnaturelle, & de l'Apparition de St. Nicolas. Le Prieur mécontent de ces interpretations, le punit rigoureuſement pour avoir contrefait un ſaint, & pour avoir eu l'impudence de lui ſoûtenir un Menſonge.

AVANTURE XIX.

LE MARCHAND ARMENIEN.

Un jeune Seigneur qui deſcendoit d'une maiſon ſouveraine étant venu viſiter l'Abbé, le pria d'inviter frere Maurice à manger avec eux, à cauſe qu'il connoiſſoit ſon talent pour la plaiſanterie: car tous les étrangers qui venoient à l'Abbaye, l'aimoient déſqu'ils avoient une fois converſé avec lui. Ce jeune Seigneur avoit une robe de chambre de damas broché: frere Maurice la lui demanda à emprunter, pour faire un perſonnage comique. Il s'habilla à l'Armenienne, mit des mouſtaches poſtiches & des bottes, & alla chez l'Abbé dans cet équipage. Il s'annonça comme un marchand Armenien qui étoit venu en France ce vendre du drap d'or propre à faire des ornemens d'Egliſe: il contre-faiſoit ſa voix, & affectoit un accent étranger. L'Abbé entra en explication avec lui, & demanda à voir la marchandiſe. Le pretendu Armenien dit qu'il alloit faire venir ſes ballots, mais étant ſorti il ne revint plus. On ſe divertit beaucoup à dîner de cette piéce, & on badina l'Abbé ſur cequ'il n'avoit pas reconnu frere Maurice dans ſon déguiſement.

AVANTURE XX.

LES ECUREUILS.

Le même Seigneur dont frere Maur. avoit emprunté la robbe de chambre, aimoit beaucoup à jouer des farces: il conſulta frere Maur. & le pria d'en inventer quelques unes pendant ſon ſéjour dans l'Abbaye; il y avoit grande compagnie de Seigneurs & de Dames. Frere Maur. le mena dans un petit bois voiſin de l'Abbaye, où il avoit remarqué quelques jours auparavant un nid d'Ecureüil; il grimpa ſur l'arbre & enleva les petits, qui étoient déja forts, il recommanda au jeune Seigneur de les tenir cachés dans ſon mouchoir, de les porter à la ſalle où étoient les Dames & de les lâcher enſuite : cequ'il executa ainſi. Les jeunes écureüils lâchés ſous les amples vertugadins des Dames y firent un ravage étonnant ; ils mirent les Dames en allarmes & en déſordre, & elles eurent mille peines de ſe défaire de ces petits Diables qui les déſoloient.

AVANTURE XXI.

LA NOPCE.

Frere Maur. avertit le même Seigneur qu'il y avoit une nopce de payſans dans un village voiſin de l'Abbaye, ils réſolurent de ſe déguiſer tous deux & d'y aller. Le jeune Seigneur prit des habits de payſan ; frere Maur. prit auſſi des habits ſéculiers avec une vielle, dont il ſçavoit un peu jouer. Ils entrerent dans une grange où l'on danſoit. Le joueur de vielle ſe mêla avec deux méchant violons, & fit un concert à déchirer les oreilles. Pendant ce tems le jeune Seigneur faiſoit ſans relâche danſer la mariée & les filles de la nopce. C'étoit toûjours à ſon tour : les garçons de la nopce

nopce las de ſe voir exclus de la danſe murmuroient contre l'infatigable danſeur, qui ne s'inquietoit pas beaucoup de leur mécontentement, qui augmenta à un tel point qu'ils en vinrent à une conſpiration contre lui: quelques uns des plus hardis, pour engager la querelle, le coudoyoient en paſſant près de lui, pendant qu'il danſoit, mais il feignoit de n'y pas faire attention. Les conjurés ſortirent tous pour aller s'armer de bâtons, & frere Maur. vit bien que c'étoit du ſerieux, & déclara à ſes collegues, les Violons, la qualité du danſeur; alors un deux ſe détacha, & alla trouver ces mutins pour les avertir de ne pas ſe méprendre. Ils furent tous ſi confus de leur erreur, & ſi effraiés qu'ils ſe ſauverent du bal. Ainſi la mariée & toutes les filles de la nopce reſterent en partage à nos gens, qui ne ſe retirerent qu'après qu'elles furent toutes domptées.

AVANTURE XXII.

LA SOUPPE AU BREVIAIRE.

Frere Maur. quelque tems après alla rendre viſite à un curé du voiſinage du du monaſtere. C'étoit un bon vieux prêtre, mais qui vivoit avec une épargne ſordide; il aimoit à voir frere Maur., parcequ'il ſe contentoit de ſon ordinaire, & qu'il le divertiſſoit. Lorſqu'il étoit queſtion de mettre du lard au pot, le vieux curé ſe le faiſoit apporter, & en tranchoit un morceau qu'il croioit ſuffire pour faire du bouillon. Dans le moment qu'il faiſoit cette operation de léſine, frere Maur. entra. Le curé ſe chauffoit devant le feu de ſa Cuiſine, en diſant ſon breviaire qu'il avoit interrompu pour couper le morceau de lard; il le tenoit d'une main, & ſon bréviaire de l'autre: mais ayant tourné la tête du côté de la porte, pour regarder celui qui entroit, il apperçut frere Maur.: la joie qu'il eut de ſon arrivée lui fit une abſtraction plaiſante; il jetta ſon bréviaire dans le pot, aulieu du morceau de lard. Frere Maur. remarqua dans l'inſtant ſa bévüe, & lui dit pour compliment: oh parbleu, Monſieur le Curé, j'étois venu chez vous pour manger aumoins de la ſouppe au lard; mais pour de la ſouppe au bréviaire, je ſuis vôtre très humble

humble Serviteur; & en diſant cela il tiroit ſa révérence pour s'en aller; mais le pauvre Curé le rappella bien confus de ſa bevüe, & la répara, en regalant frere Maur. le mieux qu'il put.

AVANTURE XXIII.

L'ESCROC MENDIANT SUBTILISÉ.

Un Religieux mendiant de l'ordre des minimes étant venu au monaſtere fut foit bien régalé. Il avoit oui parler de la ſubtilité de frere Maur., & ſe vanta à table devant l'Abbé d'en ſçavoir plus que ce frere dans l'art de filouter, & que ſi on vouloit le conduire à ſa chambre, ſous pretexte de lui rendre viſite, il lui joueroit un tour de ſon mêtier. L'Abbé lui donna deux moines, pour l'y accompagner. Frere Maur. répondit à ſa civilité; mais dans le tems que les complimens ſe faiſoient de part & d'autre, le minime mit adroitement les doigts dans un petit benitier qui étoit près de la porte de la Cellule, & y trouva, comme il s'étoit imaginé, le tréſor de frere Maur. qui conſiſtoit alors en deux écus de ſix francs : il les escamota ſubtilement, ſans être remarqué, après quoi il prit congé. Il retourna chez l'Abbé à qui il montra cette preuve de ſon adreſſe; l'Abbé l'en complimenta, & lui dit qu'il pouvoit retenir les écus, pour achever ſon voyage. Frere Maur. avant de ſe coucher prit de l'eau benite en bon chretien, mais n'ayant point tâté ſes écus, il vit bien qu'il étoit joué, & que le tour venoit de la part de l'éſeroc mendiant. Il ſe r'habilla incontinent, & pendant que le minime étoit encore à ſouper à la table de l'Abbé, où l'on ſe divertiſſoit aux dépens de frere Maur. dont on ſe mocquoit, il alla dans la chambre où l'étranger devoit coucher, & où il avoit mis ſon butin : il y trouva un manteau noir de fort bonne étoffe, s'en ſaiſit & le porta à ſa cellule ; il alla remettre à la place une vieille robbe toute en lambeaux, qu'il coula dans la forme où il avoit trouvé le manteau. Il ſe retira enſuite à ſa cellule, & paſſa toute la nuit à découper le manteau, dont il ſe fit une veſte & une paire de culottes ; car il ſçavoit fort bien la coûture. Le lende-

lendemain le minime partit; comme le tems étoit beau, il ne penſa point à mettre ſon manteau ſur ſes épaules, il l'attacha ſur la croupe de ſon cheval; mais une petite pluïe qui ſurvint l'ayant obligé de le mettre, il fut bien étonné de ne trouver qu'une guenille. Il s'imagina bien, que frere Maur. lui avoit rendu la pièce: mais comme ſon manteau lui tenoit fort à cœur, il retourna ſur ſes pas, afin de voir s'il y avoit moyen de le récuperer, en reſtituant les deux écus. Il alla trouver l'Abbé, & lui avouant que frere Maur. l'avoit ſurpaſſé en ſubtilité, il le pria de l'engager à lui faire rendre ſon manteau: l'Abbé fit venir frere Maur. qui dit au minime en ſa preſence, Oh parbleu Mr. l'Eſcroc, vous n'aurez point vôtre manteau, qui eſt déja metamorphoſé en une bonne veſte & une bonne culotte, & levant ſa robbe il les montra, en ajoûtant qu'au reſte il ne croioit point lui avoir fait de tort, puisqu'il s'étoit payé d'avance.

AVANTURE XXIV.

LES DONZELLES VENGÉES.

Aux environs de l'Abbaye étoit un bourg assez considerable. Frere Maur. y étoit connu & en connoissoit tous les habitans, sçavoit les plus secretes particularités des familles, & principalement les intrigues galantes des donzelles : il composa sur plusieurs d'entr'elles une chanson burlesque, où il les tournoit en ridicule; Elles furent vivement chocquées de ce procedé de frere Maur. & resolurent d'un commun accord de l'en punir. Elles s'assemblerent dans une maison qui ne lui étoit point suspecte, car il évitoit de se rencontrer avec elles, depuis qu'il les avoit insultées dans sa chanson. Comme il passoit dans la rüe, une personne qu'il croioit de ses amies le pria d'entrer; il se rendit à son invitation : mais à peine fut il entré qu'une demi douzaine de furies armées de verges fondirent sur lui & le porterent à terre. Elles leverent sa jacquete, & mirent son derriere à nud, qu'elles epousseterent à merveille. Les

coups

coups tomboient dru comme mouches ſur ſa peau; en un mot jamais femmes n'ont frappé ni de meilleur appetit ni de ſi bonne grace, que nos valeureuſes championnes: elles avoient réſolu de mettre ſon pauvre Faubourg en capilotade; enfin elles étoient ſi acharnées ſur lui qu'elles ne ſentoient point ſes mains qu'elles avoient eu l'imprudence de lui laiſſer libres. Après avoir fait une ample moiſſon, il ſe tira par un violent effort d'entre les mains de ces furies, ſe releva & courut à la porte, mais quelques unes d'entr'elles la lui barrerent: il apperçut une fenêtre ouverte & ſauta dans la rue, & devant quantité de monde il montra leurs depouilles qu'il tenoit dans ſes mains, & les couvrit de confuſion. Il en fut quitte pour ſe graiſſer avec quelque bon onguent pour la feſſure.

AVANTURE XXV.

LE MORT RESSUSCITÉ.

Frere Maur. qui furetoit par-tout trouva par hazard dans un endroit de la la maison une somme de plusieurs Louis d'or. Celui qui avoit cette somme en depôt, s'apperçut bientôt qu'on la lui avoit derobée. Il alla trouver le Prieur, & ne balança pas à lui faire part de ses soupçons sur frere Maur. qu'il regardoit comme l'auteur du vol; mais ayant été appellé & interrogé, il nia le fait. Comme il y avoit de quoi fonder un soupçon legitime sur son compte, le Prieur le fit enfermer, jusqu'à cequ'on auroit visité sa cellule. On le fouilla lui même & on lui trouva deux Louis. Quoique ce fut une preuve qu'il avoit encore les autres, il ne voulut rien avouer, parcequ'il avoit si bien caché les autres qu'il étoit sûr qu'on ne les trouveroit pas. Cependant on faisoit subir au pauvre prisonnier une espéce de question par des jeunes très rigoureux, pour extorquer de lui l'aveu de son vol: il persista à nier; mais étant affaibli considerablement, il vit bien qu'il falloit en venir là. Seulement il imagina un moien d'engager le Prieur à lui accorder son pardon, lorsqu'il lui feroit cet aveu. Il feignit d'être mort. Son Geollier le trouva étendu du sur sa paillasse, il paroissoit ne donner aucun signe de vie. Le Prieur & les moines vinrent le voir, & tous le croyoient mort, tant il reussit à le contrefaire. Il entendit les regrets du Prieur, qui se repentoit de l'avoir trop fait jeûner, & assûroit ses moines qu'il lui auroit pardonné sa faute sans lui imposer une penitence rigoureuse, s'il l'eut avouée humblement, & s'il eut restitué les Louis d'or. Frere Maur. donna alors quelque signe de vie, & revenant tout doucement à lui, il assûra le Prieur qu'il se repentoit de sa faute & qu'il alloit rendre les Louis. Après qu'on lui eût apporté quelque confortatif pour l'aider à reprendre ses forces, il conduisit le Prieur à sa cellule, & lui dit de faire lever la serrure de sa porte & qu'on y trouveroit les Louis, où ceux qui les avoient cherchés ne s'étoient pas imaginés qu'ils étoient. C'est la derniere avanture du pauvre frere Maur. qui se convertit enfin, & vêcut depuis en bon religieux.

TABLE

TABLE DES MATIERES
DE LA PREMIERE PARTIE.

Fin de la Table de la premiere Partie.

TABLE DES AVANTURES DE LA SECONDE PARTIE.

Avan-

FIN DE LA TABLE.

www.ingramcontent.com/pod-product-compliance
Ingram Content Group UK Ltd.
Pitfield, Milton Keynes, MK11 3LW, UK
UKHW021557260726
13993UKWH00002B/893